THÉOPHILE GAUTIER

1712

CHARLES BAUDELAIRE

р # THÉOPHILE GAUTIER

ALENÇON. — TYP. DE POULET-MALASSIS ET DE BROISE.

THÉOPHILE GAUTIER

PAR

CHARLES BAUDELAIRE

NOTICE LITTÉRAIRE PRÉCÉDÉE D'UNE LETTRE

DE

VICTOR HUGO

PARIS
POULET-MALASSIS ET DE BROISE
LIBRAIRES-ÉDITEURS
9, rue des Beaux-Arts
—
1859

A M. CHARLES BAUDELAIRE

Hauteville-House, 6 octobre 1859.

Votre article sur Théophile Gautier, Monsieur, est une de ces pages qui provoquent puissamment la pensée. Rare mérite, faire penser; don des seuls élus. Vous ne vous trompez pas en prévoyant quelque dissidence entre vous et moi. Je comprends toute votre philosophie (car, comme tout poète, vous contenez un philosophe); je fais plus que la comprendre, je l'admets; mais je garde la mienne.

Je n'ai jamais dit : l'Art pour l'Art ; j'ai toujours dit : l'Art pour le Progrès. Au fond, c'est la même chose, et votre esprit est trop pénétrant pour ne pas le sentir. En avant ! c'est le mot du Progrès ; c'est aussi le cri de l'Art. Tout le verbe de la Poésie est là. Ite.

Que faites-vous quand vous écrivez ces vers saisissants : **Les Sept Vieillards** *et* **Les Petites Vieilles**, *que vous me dédiez, et dont je vous remercie ? Que faites-vous ? Vous marchez. Vous allez en avant. Vous dotez le ciel de l'art d'on ne sait quel rayon macabre. Vous créez un frisson nouveau.*

L'Art n'est pas perfectible, je l'ai dit, je crois, un des premiers, donc je le sais ; personne ne dépassera Eschyle, personne ne dépassera Phidias ; mais on peut les égaler ; et pour les égaler, il faut déplacer l'horizon de l'Art, monter plus haut, aller plus loin, marcher. Le poète ne peut aller seul, il faut que l'homme aussi se déplace. Les pas de l'Humanité sont donc les pas même de l'Art. — Donc, gloire au Progrès.

— III —

C'est pour le Progrès que je souffre en ce moment et que je suis prêt à mourir.

Théophile Gautier est un grand poëte, et vous le louez comme son jeune frère, et vous l'êtes. Vous êtes, Monsieur, un noble esprit et un généreux cœur. Vous écrivez des choses profondes et souvent sereines. Vous aimez le Beau. Donnez-moi la main.

VICTOR HUGO.

Et quant aux persécutions, ce sont des grandeurs. — Courage !

THÉOPHILE GAUTIER

I

> Quoique nous n'ayons donné à boire à aucune vieille, nous sommes dans la position de la jeune fille de Perrault; nous ne pouvons ouvrir la bouche sans qu'il en tombe aussitôt des pièces d'or, des diamants, des rubis et des perles; nous voudrions bien de temps en temps vomir un crapaud, une couleuvre et une souris rouge, ne fût-ce que pour varier; mais cela n'est pas en notre pouvoir.
>
> THÉOPHILE GAUTIER. — *Caprices et Zigzags.*

Je ne connais pas de sentiment plus embarrassant que l'admiration. Par la difficulté de s'exprimer convenablement, elle ressemble à l'amour. Où trouver des expressions assez fortement colorées, ou nuancées d'une manière assez délicate, pour répondre aux nécessités d'un sentiment exquis ? *Le respect humain est un fléau dans tous les ordres de choses,* dit un livre de philosophie qui se trouve par hasard sous mes yeux; mais qu'on ne croie pas que l'ignoble respect humain soit l'origine de mon embarras : cette perplexité n'a d'autre source que la crainte de ne pas parler de mon sujet d'une manière suffisamment noble.

Il y a des biographies faciles à écrire; celles, par exemple, des hommes dont la vie fourmille d'événements et d'aventures; là, nous n'aurions qu'à enregistrer et à classer des faits avec leurs dates; — mais ici, rien de cette variété matérielle qui réduit la tâche de l'écrivain à celle d'un compilateur. Rien qu'une immensité spirituelle! La biographie d'un homme dont les aventures les plus dramatiques se jouent silencieusement sous la coupole de son cerveau est un travail littéraire d'un ordre tout différent. Tel astre est né avec telles fonctions, et tel homme aussi. Chacun accomplit magnifiquement et humblement son rôle de prédestiné. Qui pourrait concevoir une biographie du soleil? C'est une histoire qui, depuis que l'astre a donné signe de vie, est pleine de monotonie, de lumière et de grandeur.

Puisque je n'ai, en somme, qu'à écrire l'histoire d'une *idée fixe*, laquelle je saurai d'ailleurs définir et analyser, il importerait bien peu, à la rigueur, que j'apprisse ou que je n'apprisse pas à mes lecteurs que Théophile Gautier est né à Tarbes, en 1811. Depuis de longues années j'ai le bonheur d'être son ami, et j'ignore complétement s'il a dès l'enfance révélé ses futurs talents par des succès de collége, par ces couronnes puériles que souvent ne savent pas conquérir les *enfants sublimes*, et qu'en tout cas ils sont obligés de partager avec une foule de hideux niais, marqués par la fatalité. De ces petitesses, je ne sais absolument rien. Théophile Gautier lui-même n'en sait plus rien peut-être, et si par hasard il s'en souvient, je suis bien sûr qu'il ne lui serait pas agréable de voir remuer ce fatras de lycéen. Il n'y a pas d'homme qui pousse plus loin que lui la pudeur majestueuse du vrai homme de lettres, et qui ait plus horreur d'étaler tout ce qui n'est pas fait, préparé et mûri pour le public, pour l'édification des âmes amoureuses du Beau. N'attendez jamais de lui des *mémoires*, non plus que des *confidences*, non plus que des *souvenirs*, ni rien de ce qui n'est pas la sublime fonction.

Il est une considération qui augmente la joie que j'éprouve à rendre compte d'une *idée fixe*, c'est de parler enfin, et tout à mon aise, d'un homme *inconnu*. Tous ceux qui ont médité sur les méprises de l'histoire ou sur ses justices tardives comprendront ce que signifie le mot *inconnu*, appliqué à Théophile Gautier. Il remplit, depuis bien des années, Paris et les provinces du bruit de ses feuilletons, c'est vrai ; il est incontestable que maint lecteur, curieux de toutes les choses littéraires, attend impatiemment son jugement sur les ouvrages dramatiques de la dernière semaine ; encore plus incontestable que ses comptes rendus des *Salons,* si calmes, si pleins de candeur et de majesté, sont des oracles pour tous les exilés qui ne peuvent juger et sentir par leurs propres yeux. Pour tous ces publics divers, Théophile Gautier est un critique incomparable et indispensable ; et cependant il reste un homme *inconnu.* Je veux expliquer ma pensée.

Je vous suppose *interné* dans un salon *bourgeois* et prenant le café, après dîner, avec le *maître* de la maison, la *dame* de la maison et ses *demoiselles.* Détestable et risible argot auquel la plume devrait se soustraire, comme l'écrivain s'abstenir de ces énervantes fréquentations ! Bientôt on causera musique, peinture peut-être, mais littérature infailliblement. Théophile Gautier à son tour sera mis sur le tapis ; mais, après les couronnes banales qui lui seront décernées (« qu'il a d'esprit ! qu'il est amusant ! qu'il écrit bien, et que son *style est coulant !* » — le prix de *style coulant* est donné indistinctement à tous les écrivains connus, l'eau claire étant probablement le symbole le plus clair de beauté pour les gens qui ne font pas profession de méditer), si vous vous avisez de faire remarquer que l'on omet son mérite principal, son incontestable et plus éblouissant mérite, enfin qu'on oublie de dire qu'il est un grand poète, vous verrez un vif étonnement se peindre sur tous les visages. « Sans aucun doute, il a le style très-poétique, » dira le plus subtil de la bande, ignorant qu'il s'agit de rhythmes et de rimes. Tout ce monde-là a lu le feuilleton du lundi, mais personne, depuis tant d'années, n'a trouvé d'argent ni de loisir pour *Albertus, la Comédie de la Mort* et *Espagna*. Cela est bien dur à avouer pour un Français, et si je ne parlais pas d'un écrivain placé assez haut pour assister tranquillement à toutes les injustices, j'aurais, je crois, préféré cacher cette infirmité de notre public. Mais cela est ainsi. Les éditions se sont cependant multipliées, facilement écoulées. Où sont-elles allées? dans quelles armoires se sont enfouis ces admirables échantillons de la plus pure Beauté française? je l'ignore ; sans doute dans quelque région mystérieuse située bien loin du faubourg Saint-Germain ou de la Chaussée d'Antin, pour parler comme la géographie de MM. les *Chroniqueurs*. Je sais bien qu'il n'est pas un homme de lettres, pas un artiste un peu rêveur, dont la mémoire ne soit meublée et parée de ces merveilles ; mais les gens du monde, ceux-là même qui se sont enivrés ou ont feint de s'enivrer avec les *Méditations* et les *Harmonies*, ignorent ce nouveau trésor de jouissance et de beauté.

J'ai dit que c'était là un aveu bien cuisant pour un cœur français ; mais il ne suffit pas de constater un fait, il faut tâcher de l'expliquer. Il est vrai que Lamartine et Victor Hugo ont joui plus longtemps d'un public plus curieux des jeux de la Muse que celui qui allait s'engourdissant déjà à l'époque où Théophile Gautier devenait définitivement un homme célèbre. Depuis lors, ce public a diminué graduellement la part légitime de temps consacrée aux plaisirs de l'esprit. Mais ce ne serait là qu'une explication insuffisante; car, pour laisser de côté le poëte qui fait le sujet de cette étude, je m'aperçois que le public n'a glané avec soin dans les œuvres des autres poëtes que les parties qui étaient *illustrées* (ou souillées) par une espèce de vignette politique, un condiment approprié à la nature de ses passions actuelles. Il a su l'*Ode à la Colonne*, l'*Ode à l'Arc de Triomphe*, mais il ignore les parties mystérieuses, ombreuses, les plus charmantes, de Victor Hugo. Il a souvent récité les *iambes* d'Auguste Barbier sur les journées de Juillet, mais il n'a pas, avec le poëte, versé son *pianto* sur l'Italie désolée, et il ne l'a pas suivi dans son voyage chez le *Lazare* du Nord.

Or, le condiment que Théophile Gautier jette dans ses œuvres, qui, pour les amateurs de l'art, est du choix le plus exquis et du sel le plus ardent, n'a que peu ou point d'action sur le palais de la foule. Pour devenir tout à fait populaire, ne faut-il pas consentir à mériter de l'être, c'est-à-dire ne faut-il pas, par un petit côté secret, un presque rien qui fait tache, se montrer un peu populacier? En littérature comme en morale, il y a danger, autant que gloire, à être délicat. L'aristocratie nous isole.

J'avouerai franchement que je ne suis pas de ceux qui voient là un mal bien regrettable, et que j'ai peut-être poussé trop loin la mauvaise humeur contre de pauvres *philistins*. Récriminer, faire de l'opposition, et même réclamer la justice, n'est-ce pas *s'emphilistiner* quelque peu? On oublie à chaque instant qu'injurier une foule, c'est s'encanailler soi-même. Placés très-haut, toute fatalité nous apparaît comme justice. Saluons donc, au contraire, avec tout le respect et l'enthousiasme qu'elle mérite, cette aristocratie qui fait solitude autour d'elle. Nous voyons d'ailleurs que telle faculté est plus ou moins estimée selon le siècle, et qu'il y a dans le cours des âges place pour de splendides revanches. On peut tout attendre de la bizarrerie humaine, même l'équité, bien qu'il soit vrai de dire que l'injustice lui est infiniment plus naturelle. Un écrivain politique ne disait-il pas l'autre jour que Théophile Gautier est *une réputation surfaite!*

II

Ma première entrevue avec cet écrivain, — que l'univers nous enviera, comme il nous envie Chateaubriand, Victor Hugo et Balzac, — est actuellement devant ma mémoire. Je m'étais présenté chez lui pour lui offrir un petit volume de vers de la part de deux amis absents. Je le trouvai, non pas aussi prestant qu'aujourd'hui, mais déjà majestueux, à l'aise et gracieux dans des vêtements flottants. Ce qui me frappa tout d'abord dans son accueil, ce fut l'absence totale de cette sécheresse, si pardonnable d'ailleurs, chez tous les hommes accoutumés par position à craindre les visiteurs. Pour caractériser cet abord, je me servirais volontiers du mot bonhomie, s'il n'était pas bien trivial ; il ne pourrait servir dans ce cas qu'assaisonné et relevé, selon la recette racinienne, d'un bel adjectif tel que *asiatique* ou *oriental*, pour rendre un genre d'humeur tout à la fois simple, digne et moelleuse. Quant à la conversation (chose solennelle qu'une première conversation avec un homme illustre qui vous dépasse encore plus par le talent que par l'âge!), elle s'est également bien moulée dans le fond de mon esprit. Quand il me vit un volume de poésies à la main, sa noble figure s'illumina d'un joli sourire ; il tendit le bras avec une sorte d'avidité enfantine ; car c'est chose curieuse combien cet homme, qui sait tout exprimer et qui a plus que tout autre le droit d'être blasé, a la curiosité facile et darde vivement son regard sur le *non-moi*. Après avoir rapidement feuilleté le volume, il me fit remarquer que les poètes en question se permettaient trop souvent des sonnets *libertins*, c'est-à-dire non orthodoxes et s'affranchissant volontiers de la règle de la quadruple rime. Il me demanda ensuite, avec un œil curieusement méfiant, et comme pour m'éprouver, si j'aimais à lire des dictionnaires. Il me dit cela d'ailleurs comme il dit toute chose, fort tranquillement, et du ton qu'un autre aurait pris pour s'informer si je préférais la lecture des voyages à celle des romans. Par bonheur, j'avais été pris très-jeune de lexicomanie, et je vis que ma réponse me gagnait de l'estime. Ce fut justement à propos des dictionnaires qu'il ajouta « *que l'écrivain qui ne savait pas tout dire,* celui qu'une idée si étrange, si subtile qu'on la supposât, si imprévue, tombant comme une pierre de la lune, *prenait au dépourvu et sans matériel pour lui donner corps, n'était pas un écrivain.* » Nous causâmes ensuite de l'hygiène, des ménagements que l'homme de lettres doit à son corps et de sa sobriété obligée. Bien que pour illustrer la matière, il ait tiré, je crois, quelques comparaisons de la vie des danseuses et des chevaux de course, la méthode dont il traita son thème (de la sobriété, comme preuve du respect dû à l'art et aux facultés poétiques), me fit penser à ce que disent les livres de piété sur la nécessité de respecter notre corps comme temple de Dieu. Nous nous entretînmes également de la grande fatuité du siècle et de la folie du progrès. J'ai retrouvé dans des livres qu'il a publiés depuis lors quelques-unes des formules qui servaient à résumer ses opinions; par exemple, celle-ci : « Il est trois choses qu'un civilisé ne saura jamais créer : un vase, une arme, un harnais. » Il va sans dire qu'il s'agit ici de beauté et non d'utilité. — Je lui parlai vivement de la puissance étonnante qu'il avait montrée dans le bouffon et le grotesque; mais à ce compliment il répliqua avec candeur qu'au fond il avait en horreur l'esprit et le rire, ce rire qui déforme la créature de Dieu ! « Il est permis au poète d'avoir quelquefois de l'*esprit,* comme au sage de faire une ribotte, pour prouver aux sots qu'il pourrait être leur égal ; mais cela n'est pas nécessaire. » — Ceux que cette opinion proférée par lui pourrait étonner n'ont pas remarqué que, comme son esprit est un miroir cosmopolite de beauté, où conséquemment le moyen-âge et la Renaissance se sont très-légitimement et très-magnifiquement reflétés, il s'est de très-bonne heure appliqué à fréquenter les Grecs et la Beauté antique, au point de dérouter ceux de ses admirateurs qui ne possédaient pas la véritable clef de sa chambre spirituelle. On peut, pour cet objet, consulter *Mademoiselle de Maupin,* où la beauté grecque fut vigoureusement défendue en pleine exubérance romantique.

Tout cela fut dit avec netteté et décision, mais sans dictature, sans pédanterie, avec beaucoup de finesse, mais sans trop de quintessence. En écoutant cette éloquence de conversation, si loin du siècle et de son violent charabia, je ne pouvais m'empêcher de rêver à la lucidité antique, à je ne sais quel écho socratique, familièrement apporté sur l'aile d'un vent oriental. Je me retirai conquis par tant de noblesse et de douceur, subjugué par cette force spirituelle, à qui la force physique sert, pour ainsi dire, de symbole, comme pour *illustrer* encore la vraie doctrine et la confirmer par un nouvel argument.

Depuis cette petite fête de ma jeunesse, que d'années au plumage varié ont agité leurs ailes et pris leur vol vers le ciel avide ! Cependant, à cette heure même, je n'y puis penser sans une certaine émotion. C'est là mon excellente excuse auprès de ceux qui ont pu me trouver bien osé et un peu *parvenu* de parler sans façon, au début de ce travail, de mon intimité avec un homme célèbre. Mais qu'on sache que si quelques-uns d'entre nous ont pris leurs aises avec Gautier, c'est parce qu'en le permettant, il semblait le désirer. Il se complaît innocemment dans une affectueuse et familière paternité. C'est encore un trait de ressemblance avec ces braves gens illustres de l'antiquité, qui aimaient la société des jeunes, et qui promenaient avec eux leur solide conversation sous de riches verdures, au bord des fleuves, ou sous des architectures nobles et simples comme leur âme.

Ce portrait, esquissé d'une façon familière, se trouve naturellement complété par l'excellente gravure qui l'accompagne. D'ailleurs, Théophile Gautier a rempli dans différents recueils des fonctions généralement relatives aux arts et au théâtre, qui ont fait de lui un des personnages de Paris les plus publiquement répandus. Presque tout le monde connaît ses cheveux longs et souples, son port noble et lent et son regard plein d'une rêverie féline.

III

Tout écrivain français, ardent pour la gloire de son pays, ne peut pas, sans fierté et sans regrets, reporter ses regards vers cette époque de crise féconde où la littérature romantique s'épanouissait avec tant de vigueur. Chateaubriand, toujours plein de force, mais comme couché à l'horizon, semblait un Athos qui contemple nonchalammant le mouvement de la plaine. Victor Hugo, Sainte-Beuve, Alfred de Vigny, avaient rajeuni, plus encore, avaient ressuscité la poésie française, morte depuis Corneille. Car

André Chénier, avec sa molle antiquité à la Louis XVI, n'était pas un symptôme de rénovation assez vigoureux, et Alfred de Musset, féminin et sans doctrine, aurait pu exister dans tous les temps et n'eût jamais été qu'un paresseux à effusions gracieuses. Alexandre Dumas produisait coup sur coup ses drames fougueux, où l'éruption volcanique était ménagée avec la dextérité d'un habile irrigateur. Quelle ardeur chez l'homme de lettres de ce temps, et quelle curiosité, quelle chaleur dans le public! *O splendeurs éclipsées! ô soleils descendus derrière l'horizon!* — Une seconde phase se produisit dans le mouvement littéraire moderne, qui nous donna Balzac, c'est-à-dire le vrai Balzac, Auguste Barbier et Théophile Gautier. Car nous devons remarquer que, bien que celui-ci n'ait été un littérateur décidément en vue qu'après la publication de *Mademoiselle de Maupin,* son premier recueil de poésies, bravement lancé en pleine révolution, date de 1830. Ce ne fut, je crois, qu'en 1852 qu'*Albertus* fut rejoint à ces poésies. Quelque vive et riche qu'eût été jusqu'alors la nouvelle séve littéraire, il faut avouer qu'un élément lui avait fait défaut, ou du moins ne s'y laissait observer que rarement, comme par exemple dans *Notre-Dame de Paris,* Victor Hugo faisant positivement exception par le nombre et l'ampleur de ses facultés, je veux parler du rire et du sentiment du grotesque. *Les Jeune-France* prouvèrent bientôt que l'école se complétait. Quelque léger que cet ouvrage puisse paraître à plusieurs, il renferme de grands mérites. Outre la *beauté du diable,* c'est-à-dire la grâce charmante et l'audace de la jeunesse, il contient le rire, et le meilleur rire. Evidemment, à une époque pleine de duperies, un auteur s'installait en pleine ironie et prouvait qu'il n'était pas dupe. Un vigoureux bon-sens le sauvait des pastiches et des religions à la mode. Avec une nuance de plus, *une Larme du Diable* continuait ce filon de riche jovialité. *Mademoiselle de Maupin* servit à définir encore mieux sa position. Beaucoup de gens ont longtemps parlé de cet ouvrage, comme répondant à de puériles passions, comme enchantant plutôt par le sujet que par la forme savante qui le distingue. Il faut vraiment que certaines personnes regorgent de passion pour la pouvoir ainsi mettre partout. C'est la muscade qui leur sert à assaisonner tout ce qu'elles mangent. Par son style prodigieux, par sa beauté correcte et recherchée, pure et fleurie, ce livre était un véritable événement. C'est ainsi que le considérait Balzac, qui dès lors voulut connaître l'auteur. Avoir non-seulement un beau style, mais encore un style particulier, était l'une des plus grandes ambitions, sinon la plus grande, de l'auteur de *la Peau de Chagrin* et de *la Recherche de l'Absolu*. Malgré les lourdeurs et les enchevêtrements de sa phrase, il a toujours été un connaisseur des plus fins et des plus difficiles. Avec *Mademoiselle de Maupin* apparaissait dans la littérature le Dilettantisme qui, par son caractère exquis et superlatif, est toujours la meilleure preuve des facultés indispensables en art. Ce roman, ce conte, ce tableau, cette rêverie continuée avec l'obstination d'un peintre, cette espèce d'hymne à la Beauté, avait surtout ce grand résultat d'établir définitivement la condition génératrice des œuvres d'art, c'est-à-dire l'amour exclusif du Beau, *l'Idée fixe*.

Les choses que j'ai à dire sur ce sujet (et je les dirai très-brièvement) ont été très-connues en d'autres temps. Et puis elles ont été obscurcies, définitivement oubliées. Des hérésies étranges se sont glissées dans la critique littéraire. Je ne sais quelle lourde nuée, venue de Genève, de Boston ou de l'enfer, a intercepté les beaux rayons du soleil de l'esthétique. La fameuse doctrine de l'indissolubilité du Beau, du Vrai et du Bien est une invention de la philosophaillerie moderne (étrange contagion, qui fait qu'en définissant la folie on en parle le jargon!). Les différents objets de la recherche spirituelle réclament des facultés qui leur sont éternellement appropriées ; quelquefois tel objet n'en réclame qu'une, quelquefois toutes ensemble, ce qui ne peut être que fort rare, et encore jamais à une dose ou à un degré égal. Encore faut-il remarquer que plus un objet réclame de facultés, moins il est noble et pur, plus il est complexe, plus il contient de bâtardise. Le *Vrai* sert de base et de but aux sciences ; il invoque surtout l'intellect pur. La pureté de style sera ici la bienvenue, mais la *beauté* de style peut y être considérée comme un élément de luxe. Le *Bien* est la base et le but des recherches morales. Le *Beau* est l'unique ambition, le but exclusif du Goût. Bien que le Vrai soit le but de l'histoire, il y a une Muse de l'histoire, pour exprimer que quelques-unes des qualités nécessaires à l'historien relèvent de la Muse. Le Roman est un de ces genres complexes où une part plus ou moins grande peut être faite tantôt au Vrai, tantôt au Beau. La part du Beau dans *Mademoiselle de Maupin* était excessive. L'auteur avait le droit de la faire telle. La visée de ce roman n'était pas d'exprimer les mœurs, non plus que les passions d'une époque, mais une passion unique, d'une nature toute spéciale, universelle et éternelle, sous l'impulsion de laquelle le livre entier court, pour ainsi dire, dans le même lit que la Poésie, mais sans toutefois se confondre absolument avec elle, privé qu'il est du double élément du rhythme et de la rime. Ce but, cette visée, cette ambition, c'était de rendre, dans un style approprié, non pas la fureur de l'amour, mais la *beauté* de l'amour, et la *beauté* des objets dignes d'amour, en un mot l'enthousiasme (bien différent de la passion) créé par la beauté. C'est vraiment, pour un esprit non entraîné par la mode de l'erreur, un sujet d'étonnement énorme que la confusion totale des genres et des facultés. Comme les différents métiers réclament différents outils, les différents objets de recherche spirituelle exigent leurs facultés correspondantes. — Il est permis quelquefois, je présume, de se citer soi-même, surtout pour éviter de se paraphraser. Je répéterai donc :

« .... Il est une autre hérésie.... une erreur qui a la vie plus dure, je veux parler de l'*hérésie de l'enseignement,* laquelle comprend comme corollaires inévitables, les hérésies de la *passion,* de la *vérité* et de la *morale.* Une foule de gens se figurent que le but de la poésie est un enseignement quelconque, qu'elle doit tantôt fortifier la conscience, tantôt perfectionner les mœurs, tantôt enfin démontrer quoi que ce soit d'utile.... La Poésie, pour peu qu'on veuille descendre en soi-même, interroger son âme, rappeler ses souvenirs d'enthousiasme, n'a pas d'autre but qu'Elle-même ; elle ne peut pas en avoir d'autre, et aucun poëme ne sera si grand, si noble, si véritablement digne du nom de poëme, que celui qui aura été écrit uniquement pour le plaisir d'écrire un poëme.

» Je ne veux pas dire que la poésie n'ennoblisse

pas les mœurs, — qu'on me comprenne bien, — que son résultat final ne soit pas d'élever l'homme au-dessus du niveau des intérêts vulgaires ; ce serait évidemment une absurdité. Je dis que si le poète a poursuivi un but moral, il a diminué sa force poétique ; et il n'est pas imprudent de parier que son œuvre sera mauvaise. La poésie ne peut pas, sous peine de mort ou de déchéance, s'assimiler à la science ou à la morale ; elle n'a pas la Vérité pour objet, elle n'a qu'Elle-même. Les modes de démonstration de vérités sont autres et sont ailleurs. La Vérité n'a rien à faire avec les chansons. Tout ce qui fait le charme, la grâce, l'irrésistible d'une chanson enlèverait à la Vérité son autorité et son pouvoir. Froide, calme, impassible, l'humeur démonstrative repousse les diamants et les fleurs de la Muse ; elle est donc absolument l'inverse de l'humeur poétique.

» L'Intellect pur vise à la Vérité, le Goût nous montre la Beauté, et le Sens Moral nous enseigne le

Devoir. Il est vrai que le sens du milieu a d'intimes connexions avec les deux extrêmes, et il n'est séparé du Sens Moral que par une si légère différence qu'Aristote n'a pas hésité à ranger parmi les vertus quelques-unes de ses délicates opérations. Aussi ce qui exaspère surtout l'homme de goût dans le spectacle du vice, c'est sa difformité, sa disproportion. Le vice porte atteinte au juste et au vrai, révolte l'intellect et la conscience ; mais comme outrage à l'harmonie, comme dissonance, il blessera plus particulièrement certains esprits poétiques ; et je ne crois pas qu'il soit scandalisant de considérer toute infraction à la morale, au beau moral, comme une espèce de faute contre le rhythme et la prosodie universels.

» C'est cet admirable, cet immortel instinct du Beau qui nous fait considérer la Terre et ses spectacles comme un aperçu, comme une *correspondance* du Ciel. La soif insatiable de tout ce qui est au delà, et que révèle la vie, est la preuve la plus vivante de notre immortalité. C'est à la fois par la poésie et *à travers* la poésie, par et *à travers* la musique que l'âme entrevoit les splendeurs situées derrière le tombeau ; et quand un poëme exquis amène les larmes au bord des yeux, ces larmes ne sont pas la preuve d'un excès de jouissance, elles sont bien plutôt le témoignage d'une mélancolie irritée, d'une postulation des nerfs, d'une nature exilée dans l'imparfait et qui voudrait s'emparer immédiatement, sur cette terre même, d'un paradis révélé.

» Ainsi le principe de la poésie est, strictement et simplement, l'aspiration humaine vers une Beauté supérieure, et la manifestation de ce principe est dans un enthousiasme, un enlèvement de l'âme, enthousiasme tout à fait indépendant de la passion, qui est l'ivresse du cœur (1), et de la vérité, qui est la

---

(1) L'imitation de la passion, avec la recherche du Vrai et un peu celle du Beau (non pas du Bien), constitue l'amalgame dramatique ; mais aussi c'est la passion qui recule le drame à un rang secondaire

pâture de la raison. Car la passion est chose *naturelle*, trop naturelle même pour ne pas introduire un ton blessant, discordant, dans le domaine de la Beauté pure; trop familière et trop violente pour ne pas scandaliser les purs Désirs, les gracieuses Mélancolies et les nobles Désespoirs qui habitent les régions surnaturelles de la Poésie. »

Et ailleurs je disais : « Dans un pays où l'idée d'utilité, la plus hostile du monde à l'idée de beauté, prime et domine toutes choses, le parfait critique sera le plus *honorable,* c'est-à-dire celui dont les tendances et les désirs se rapprocheront le plus des tendances et des désirs de son public, — celui qui, confondant les facultés et les genres de production, assignera à toutes un but unique, — celui qui cherchera dans

---

dans la hiérarchie du Beau. Si j'ai négligé la question de la noblesse plus ou moins grande des facultés, ç'a été pour n'être pas entraîné trop loin ; mais la supposition qu'elles sont toutes égales ne nuit en rien à la théorie générale que j'essaie d'esquisser.

un livre de poésie les moyens de perfectionner la conscience. »

Depuis quelques années, en effet, une grande fureur d'honnêteté s'est emparée du théâtre, de la poésie, du roman et de la critique. Je laisse de côté la question de savoir quels bénéfices l'hypocrisie peut trouver dans cette confusion de fonctions, quelles consolations en peut tirer l'impuissance littéraire. Je me contente de noter et d'analyser l'erreur, la supposant désintéressée. Pendant l'époque désordonnée du romantisme, l'époque d'ardente effusion, on faisait souvent usage de cette formule : *La poésie du cœur!* on donnait ainsi plein droit à la passion ; on lui attribuait une sorte d'infaillibilité. Combien de contre-sens et de sophismes peut imposer à la langue française une erreur d'esthétique ! Le cœur contient la passion, le cœur contient le dévouement, le crime ; l'Imagination seule contient la poésie. Mais aujourd'hui l'erreur a pris un autre cours et de plus grandes proportions. Par exemple une femme, dans un moment de reconnaissance enthousiaste, dit à son mari, avocat :

O poète! je t'aime!

Empiètement du sentiment sur le domaine de la raison! Vrai raisonnement de femme qui ne sait pas approprier les mots à leur usage! Or, cela veut dire : « Tu es un honnête homme et un bon époux; *donc* tu es poète, et bien plus poète que tous ceux qui se servent du mètre et de la rime pour exprimer des idées de beauté. J'affirmerai même, — continue bravement cette précieuse à l'inverse, — que tout honnête homme qui sait plaire à sa femme est un poète sublime. Bien plus, je déclare, dans mon infaillibilité bourgeoise, que quiconque fait admirablement bien les vers est beaucoup moins poète que tout honnête homme épris de son ménage; car le talent de composer des vers parfaits nuit évidemment aux facultés de l'époux, *qui sont la base de toute poésie!* »

Mais que l'académicien qui a commis cette erreur, si flatteuse pour les avocats, se console. Il est en nombreuse et illustre compagnie ; car le vent du siècle est à la folie ; le baromètre de la raison moderne marque tempête. N'avons-nous pas vu récemment un écrivain illustre et des plus accrédités placer, aux applaudissements unanimes, toute poésie, non pas dans la Beauté, mais dans l'amour! dans l'amour vulgaire, domestique et garde-malade! et s'écrier dans sa haine de toute beauté : *Un bon tailleur vaut mieux que trois sculpteurs classiques!* et affirmer que si Raymond Lulle est devenu théologien, c'est que Dieu l'a puni d'avoir reculé devant le cancer qui dévorait le sein d'une dame, objet de ses galanteries! S'il l'eût véritablement aimée, ajoute-t-il, combien cette infirmité l'eût embellie à ses yeux! — Aussi est-il devenu *théologien!* Ma foi! c'est bien fait. —

Le même auteur conseille au mari-providence de fouetter sa femme, quand elle vient, *suppliante*, réclamer *le soulagement de l'expiation*. Et quel châtiment nous permettra-t-il d'infliger à un vieillard sans majesté, fébrile et féminin, jouant à la poupée, tournant des madrigaux en l'honneur de la maladie, et se vautrant avec délices dans le linge sale de l'humanité? Pour moi, je n'en connais qu'un : c'est un supplice qui marque profondément et pour l'éternité; car, comme le dit la chanson de nos pères, ces pères vigoureux qui savaient rire dans toutes les circonstances, même les plus définitives :

> *Le* ridicule *est plus tranchant*
> *Que le fer de la guillotine.*

Je sors de ce chemin de traverse où m'entraîne l'indignation, et je reviens au thème important. La sensibilité de cœur n'est pas absolument favorable au travail poétique. Une extrême sensibilité de cœur peut même nuire, en ce cas. La sensibilité de l'imagination est d'une autre nature ; elle sait choisir, juger, comparer, fuir ceci, rechercher cela, rapidement, spontanément. C'est de cette sensibilité, qui s'appelle généralement le *Goût,* que nous tirons la puissance d'éviter le *mal* et de chercher le *bien* en matière poétique. Quant à l'honnêteté de cœur, une politesse vulgaire nous commande de supposer que tous les hommes, *même les poètes,* la possèdent. Que le poète croie ou ne croie pas qu'il soit nécessaire de donner à ses travaux le fondement d'une vie pure et correcte, cela ne relève que de son confesseur ou des tribunaux ; en quoi sa condition est absolument semblable à celle de tous ses concitoyens.

On voit que dans les termes où j'ai posé la question, si nous limitons le sens du mot *écrivain* aux travaux qui ressortent de l'imagination, Théophile Gautier est l'écrivain par excellence ; parce qu'il est l'esclave de son devoir, parce qu'il obéit sans cesse aux nécessités de sa fonction, parce que le goût du Beau est pour lui un *fatum,* parce qu'il a fait de son devoir une *idée fixe.* Avec son lumineux bon-sens (je parle du bon-sens du génie, et non pas du bon-sens des petites gens), il a retrouvé tout de suite la grande voie. Chaque écrivain est plus ou moins marqué par sa faculté principale. Chateaubriand a chanté la gloire douloureuse de la mélancolie et de l'ennui. Victor Hugo, grand, terrible, immense comme une création mythique, cyclopéen, pour ainsi dire, représente les forces énormes de la nature et leur lutte harmonieuse. Balzac, grand, terrible, complexe aussi, figure le monstre d'une civilisation, et toutes ses luttes, ses ambitions et ses fureurs. Gautier, c'est l'amour exclusif du Beau, avec toutes ses subdivisions, exprimé dans le langage le mieux approprié. Et remarquez que presque tous les écrivains importants, dans chaque siècle, ceux que nous appellerons des chefs d'emploi ou des capitaines, ont au-dessous d'eux des analogues, sinon des semblables, propres à les remplacer. Ainsi, quand une civilisation meurt, il suffit qu'un poëme d'un genre particulier soit retrouvé pour donner l'idée des analogues disparus et permettre à l'esprit critique de rétablir sans lacune la chaîne de génération. Or, par son amour du Beau, amour immense, fécond, sans cesse rajeuni (mettez, par exemple, en parallèle les derniers feuilletons sur Pétersbourg et la Néva avec *Italia* ou *Tra los montes*), Théophile Gautier est un écrivain d'un mérite à la fois *nouveau* et unique. De celui-ci, on peut dire qu'il est, jusqu'à présent, sans *doublure*.

Pour parler dignement de l'outil qui sert si bien cette passion du Beau, je veux dire de son style, il me faudrait jouir de ressources pareilles, de cette connaissance de la langue qui n'est jamais en défaut, de ce magnifique dictionnaire dont les feuillets, remués par un souffle divin, s'ouvrent toujours juste pour laisser jaillir le mot propre, le mot unique, enfin de ce sentiment de l'ordre qui met chaque trait et chaque touche à sa place naturelle et n'omet aucune nuance. Si l'on réfléchit qu'à cette merveilleuse faculté Gautier unit une immense intelligence innée de la *correspondance* et du symbolisme universels, ce répertoire de toute métaphore, on comprendra qu'il puisse sans cesse, sans fatigue comme sans faute, définir l'attitude mystérieuse que les objets de la création tiennent devant le regard de l'homme. Il y a dans le mot, dans le *verbe*, quelque chose de *sacré* qui nous défend d'en faire un jeu de hasard. Manier savamment une langue, c'est pratiquer une espèce de sorcellerie évocatoire. C'est alors que la couleur parle, comme une voix profonde et vibrante ; que les monuments se dressent et font saillie sur l'espace profond ; que les animaux et les plantes, représentants du laid et du mal, articulent leur grimace non équivoque ; que le parfum provoque la pensée et le souvenir correspondants ; que la passion murmure ou rugit son langage éternellement semblable. Il y a dans le style de Théophile Gautier une justesse qui ravit, qui étonne, et qui fait songer à ces miracles produits dans le jeu par une profonde science mathématique. Je me rappelle que, très-jeune, quand je goûtai pour la première fois aux œuvres de notre poëte, la sensation de la touche posée juste, du coup porté droit, me faisait tressaillir, et que l'admiration engendrait en moi une sorte de convulsion nerveuse. Peu à peu je m'accoutumai à la perfection, et je m'abandonnai au mouvement de ce beau style onduleux et brillanté, comme un homme monté sur un cheval sûr qui lui permet la rêverie, ou sur un navire assez solide pour défier les temps non prévus par la boussole, et qui peut contempler à loisir les magnifiques décors sans erreur que construit la Nature dans ses heures de génie. C'est grâce à ces facultés innées, si précieusement cultivées, que Gautier a pu souvent (nous l'avons tous vu) s'asseoir à une table banale, dans un bureau de journal, et improviser, critique ou roman, quelque chose qui avait le caractère d'un fini irréprochable, et qui le lendemain provoquait chez les lecteurs autant de plaisir qu'avait créé d'étonnement chez les compositeurs de l'imprimerie la rapidité de l'exécution et la beauté de l'écriture. Cette prestesse à résoudre tout problème de style et de composition, ne fait-elle pas rêver à la sévère maxime qu'il avait une fois laissée tomber devant moi dans la conversation, et dont il s'est fait sans doute un constant devoir : « Tout homme qu'une idée, si subtile et si imprévue qu'on la suppose, prend en défaut, n'est pas un écrivain. L'inexprimable n'existe pas. »

IV

Ce souci permanent, involontaire à force d'être naturel, de la beauté et du pittoresque devait pousser l'auteur vers un genre de roman approprié à son tempérament. Le roman et la nouvelle ont un privilége de souplesse merveilleux. Ils s'adaptent à toutes les natures, enveloppent tous les sujets, et poursuivent à leur guise différents buts. Tantôt c'est la recherche de la passion, tantôt la recherche du vrai ; tel roman parle à la foule, tel autre à des initiés ; celui-ci retrace la vie des époques disparues, et celui-là les drames silencieux qui se jouent dans un seul cerveau. Le roman, qui tient une place si importante à côté du poëme et de l'histoire, est un genre bâtard dont le domaine est vraiment sans limites. Comme beaucoup d'autres bâtards, c'est un enfant gâté de la fortune à qui tout réussit. Il ne subit d'autres inconvénients et ne connaît d'autres dangers que son infinie liberté. La nouvelle, plus resserrée, plus condensée, jouit des bénéfices éternels de la contrainte : son effet est plus intense ; et comme le temps consacré à la lecture d'une nouvelle est bien moindre que celui nécessaire à la digestion d'un roman, rien ne se perd de la totalité de l'effet.

L'esprit de Théophile Gautier, poétique, pittoresque, méditatif, devait aimer cette forme, la caresser, et l'habiller des différents costumes qui sont le plus à sa guise. Aussi a-t-il pleinement réussi dans les divers genres de nouvelles auxquels il s'est appliqué. Dans le grotesque et le bouffon, il est très-puissant. C'est bien la gaieté solitaire d'un rêveur qui de temps à autre ouvre l'écluse à une effusion de jovialité comprimée, et garde toujours cette grâce *sui generis*, qui veut surtout se plaire à soi-même. Mais là où il s'est le plus élevé, où il a montré le talent le plus sûr et le plus grave, c'est dans la nouvelle que j'appellerai la *nouvelle* poétique. On peut dire que parmi les innombrables formes de romans et de nouvelles qui ont occupé ou diverti l'esprit humain, la plus favorisée a été le roman de mœurs; c'est celle qui convient le mieux à la foule. Comme Paris aime surtout à entendre parler de Paris, la foule se complaît dans les miroirs où elle se voit. Mais quand le roman de mœurs n'est pas relevé par le haut goût naturel de l'auteur, il risque fort d'être plat, et même, comme en matière d'art l'utilité peut se mesurer au degré de noblesse, tout à fait inutile. Si Balzac a fait de ce genre roturier une chose admirable, toujours curieuse et souvent sublime, c'est parce qu'il y a jeté tout son être. J'ai mainte fois été étonné que la grande gloire de Balzac fût de passer pour un observateur ; il m'avait toujours semblé que son principal mérite était d'être visionnaire, et visionnaire passionné. Tous ses personnages sont doués de l'ardeur vitale dont il était animé lui-même. Toutes ses fictions sont aussi profondément colorées que les rêves. Depuis le sommet de l'aristocratie jusqu'aux bas-fonds de la plèbe, tous les acteurs de sa *Comédie* sont plus âpres à la vie, plus actifs et rusés dans la lutte, plus patients dans le malheur, plus goulus dans la jouissance, plus angéliques dans le dévouement, que la comédie du vrai monde ne nous les montre. Bref, chacun, chez Balzac, même les portières, a du génie. Toutes les âmes sont des armes chargées de volonté jusqu'à la gueule. C'est bien Balzac lui-même. Et comme tous les êtres du monde extérieur s'offraient à l'œil de son esprit avec un relief puissant et une grimace saisissante, il a fait se convulser ses figures; il a noirci leurs ombres et illuminé leurs lumières. Son goût prodigieux du détail, qui tient à une ambition immodérée de tout voir, de tout faire voir, de tout deviner, de tout faire deviner, l'obligeait d'ailleurs à marquer avec plus de force les lignes principales, pour sauver la perspective de l'ensemble. Il me fait quelquefois penser à ces aquafortistes qui ne sont jamais contents de la morsure, et qui transforment en ravines les écorchures principales de la planche. De cette étonnante disposition naturelle sont résultées des merveilles. Mais cette disposition se définit généralement : les défauts de Balzac; et, pour mieux parler, c'est justement ses qualités. Mais qui peut se vanter d'être aussi heureusement doué, et de pouvoir appliquer une méthode qui lui permette de revêtir, à coup sûr, de lumière et de pourpre la pure trivialité? Qui peut faire cela? Or, qui ne fait pas cela, pour dire la vérité, ne fait pas grand'chose.

La muse de Théophile Gautier habite un monde plus éthéré. Elle s'inquiète peu, — trop peu, pensent quelques-uns, — de la manière dont M. Coquelet, M. Pipelet, ou M. Tout-le-monde emploie sa journée, et si madame Coquelet préfère les galanteries de l'huissier, son voisin, aux bonbons du droguiste, qui a été dans son temps un des plus enjoués danseurs de Tivoli. Ces mystères ne la tourmentent pas. Elle se complaît sur des hauteurs moins fréquentées que la rue des Lombards : elle aime les paysages terribles, rébarbatifs, ou ceux qui exhalent un charme monotone ; les rives bleues de l'Ionie ou les sables aveuglants du désert. Elle habite volontiers des appartements somptueusement ornés où circule la vapeur d'un parfum choisi. Ses personnages sont les dieux, les anges, le prêtre, le roi, l'amant, le riche, le pauvre, etc... Elle aime ressusciter les villes défuntes et faire redire aux morts rajeunis leurs passions interrompues. Elle emprunte au poëme, non pas le mètre et la rime, mais la pompe ou l'énergie concise de son langage. Se débarrassant ainsi du tracas ordinaire des réalités présentes, elle poursuit plus librement son rêve de Beauté ; mais aussi elle risquerait fort, si elle n'était pas si souple et si obéissante, et fille d'un maître qui sait douer de vie tout ce qu'il veut regarder, de n'être pas assez *visible et tangible*. Enfin, pour laisser de côté la métaphore, la nouvelle du genre poétique gagne immensément en dignité ; elle a un ton plus noble, plus général ; mais elle est sujette à un grand danger, c'est de perdre beaucoup du côté de la réalité, ou magie de la vraisemblance. Et cependant, qui ne se rappelle le festin du Pharaon, et la danse des esclaves, et le retour de l'armée triomphante dans *le Roman de la Momie?* L'imagination du lecteur se sent transportée dans le vrai ; elle respire le vrai ; elle s'enivre d'une seconde réalité créée par la sorcellerie de la Muse. Je n'ai pas choisi l'exemple ; j'ai pris celui qui s'est offert le premier à ma mémoire; j'en aurais pu citer vingt.

Quand on feuillette les œuvres d'un maître puissant, toujours sûr de sa volonté et de sa main, il est difficile de choisir, tous les morceaux s'offrant à l'œil ou à la mémoire avec un égal caractère de précision et de fini. Cependant, je recommanderais volontiers, non-seulement comme échantillon de l'art de bien dire, mais aussi de délicatesse mystérieuse (car le clavier du sentiment est chez notre poète beaucoup plus étendu qu'on ne le croit généralement), l'histoire si connue du *Roi Candaule*. Certes, il était difficile de choisir un thème plus usé, un drame à dénoûment plus universellement prévu; mais les vrais écrivains aiment ces difficultés. Tout le mérite (abstraction faite de la langue) gît donc dans l'interprétation. S'il est un sentiment vulgaire, usé, à la portée de toutes les femmes, certes, c'est la pudeur. Mais ici la pudeur a un caractère superlatif qui la fait ressembler à une religion; c'est le culte de la femme pour elle-même ; c'est une pudeur archaïque, asiatique, participant de l'énormité du monde ancien, une véritable fleur de serre, harem ou gynécée. L'œil profane ne la souille pas moins que la bouche ou la main. Contemplation, c'est possession. Candaule a montré à son ami Gygès les beautés secrètes de l'épouse ; donc Candaule est coupable, il mourra. Gygès est désormais le seul époux possible pour une reine si jalouse d'elle-même. Mais Candaule n'a-t-il pas une excuse puissante ? n'est-il pas victime d'un sentiment aussi impérieux que bizarre, victime de l'impossibilité pour l'homme nerveux et artiste de porter, sans confident, le poids d'un immense bonheur? Certainement, cette interprétation de l'histoire, cette analyse des sentiments qui ont engendré les faits, est bien supérieure à la fable de Platon, qui fait simplement de Gygès un berger, possesseur d'un talisman à l'aide duquel il lui devient facile de séduire l'épouse de son roi.

Ainsi va, dans son allure variée, cette muse bizarre, aux toilettes multiples, muse cosmopolite douée de la souplesse d'Alcibiade; quelquefois le front ceint de la mitre orientale, l'air grand et sacré, les bandelettes au vent; d'autres fois, se pavanant comme une reine de Saba en goguette, son petit parasol de cuivre à la main, sur l'éléphant de porcelaine qui décore les cheminées du siècle galant; mais ce qu'elle aime surtout, c'est, debout sur les rivages parfumés de la mer Intérieure, nous raconter avec sa parole d'or « cette gloire qui fut la Grèce et cette grandeur qui fut Rome; » et alors elle est bien « la vraie Psyché qui revient de la vraie Terre-Sainte ! »

Ce goût inné de la forme et de la perfection dans la forme devait nécessairement faire de Théophile Gautier un auteur critique tout à fait à part. Nul n'a su mieux que lui exprimer le bonheur que donne à l'imagination la vue d'un bel objet d'art, fût-il le plus désolé et le plus terrible qu'on puisse supposer. C'est un des priviléges prodigieux de l'Art que l'horrible, artistement exprimé, devienne beauté, et que la *douleur* rhythmée et cadencée remplisse l'esprit d'une *joie* calme. Comme critique, Théophile Gautier a connu, aimé, expliqué, dans ses *Salons* et dans ses admirables récits de voyages, le beau asiatique, le beau grec, le beau romain, le beau espagnol, le beau flamand, le beau hollandais et le beau anglais. Lorsque les œuvres de tous les artistes de l'Europe se rassemblèrent solennellement à l'avenue Montaigne, comme en une espèce de concile esthétique, qui donc parla le premier et qui parla le mieux de cette école anglaise, que les plus instruits parmi le public ne pouvaient guère juger que d'après quelques souvenirs de Reynolds et de Lawrence? Qui saisit tout de suite les mérites variés, essentiellement neufs, de Leslie, — des deux Hunt, l'un le naturaliste, l'autre le chef du préraphaélitisme, — de Maclise, l'audacieux compositeur, fougueux et sûr de lui-même, — de Millais, ce poète minutieux, — de J. Chalon, le peintre des fêtes d'après-midi dans les parcs, galant comme Watteau, rêveur comme Claude, — de Grant, cet héritier de Reynolds, — de Hook, le peintre aux *rêves vénitiens*, — de Landseer, dont les bêtes ont des yeux pleins de pensée, — de cet étrange Paton qui fait rêver à Fuseli et qui brode avec une patience d'un autre âge des conceptions panthéistiques, — de Cattermole, cet aquarelliste peintre d'histoire, — et de cet autre dont le nom m'échappe (Cockerell ou Kendall?), un architecte songeur qui bâtit sur le papier des villes dont les ponts ont des éléphants pour piliers et laissent passer entre leurs jambes, toutes voiles dehors, des trois-mâts gigantesques? Qui sut immédiatement britanniser son génie? Qui trouva des mots propres à peindre ces fraîcheurs enchanteresses et ces profondeurs fuyantes de l'aquarelle anglaise? Partout où il y a un produit artistique à décrire et à expliquer, Gautier est présent et toujours prêt.

Je suis convaincu que c'est grâce à ses feuilletons

innombrables et à ses excellents récits de voyages, que tous les jeunes gens (ceux qui avaient le goût inné du beau) ont acquis l'éducation complémentaire qui leur manquait. Théophile Gautier leur a donné l'amour de la peinture, comme Victor Hugo leur avait conseillé le goût de l'archéologie. Ce travail permanent, continué avec tant de patience, était plus dur et plus méritant qu'il ne semble tout d'abord; car souvenons-nous que la France, le public français, veux-je dire (si nous en exceptons quelques artistes et quelques écrivains), n'est pas artiste, naturellement artiste; ce public-là est philosophe, moraliste, ingénieur, amateur de récits et d'anecdotes, tout ce qu'on voudra, mais jamais spontanément artiste. Il sent ou plutôt il juge successivement, analytiquement. D'autres peuples, plus favorisés, sentent tout de suite, tout à la fois, synthétiquement.

Où il faut ne voir que le beau, notre public ne cherche que le vrai. Quand il faut être peintre, le

Français se fait homme de lettres. Un jour je vis au Salon de l'exposition annuelle deux soldats en contemplation perplexe devant un intérieur de cuisine : « Mais où donc est Napoléon ? » disait l'un (le livret s'était trompé de numéro, et la cuisine était marquée du chiffre appartenant légitimement à une bataille célèbre). « Imbécile ! dit l'autre, ne vois-tu pas qu'on prépare la soupe pour son retour ? » Et ils s'en allèrent contents du peintre et contents d'eux-mêmes. Telle est la France. Je racontais cette anecdote à un général qui y trouva un motif pour admirer la prodigieuse intelligence du soldat français. Il aurait dû dire : la prodigieuse intelligence de tous les Français en matière de peinture ! Ces soldats eux-mêmes, hommes de lettres !

V

Hélas! La France n'est guère poète non plus. Nous avons, tous tant que nous sommes, même les moins *chauvins*, su défendre la France à table d'hôte, sur des rivages lointains; mais ici, chez nous, en famille, sachons dire la vérité : la France n'est pas poète ; elle éprouve même, pour tout dire, une horreur congéniale de la poésie. Parmi les écrivains qui se servent du vers, ceux qu'elle préférera toujours sont les plus prosaïques. Je crois vraiment, — pardonnez-moi, vrais amants de la Muse! — que j'ai manqué de courage au commencement de cette étude, en disant que, pour la France, le Beau n'était facilement digestible que relevé par le condiment politique. C'était le contraire qu'il fallait dire : quelque politique que soit le condiment, le Beau amène l'indigestion, ou plutôt l'estomac français le refuse immédiatement. Cela vient non-seulement, je crois, de ce que la France a été providentiellement créée pour la recherche du Vrai préférablement à celle du Beau, mais aussi de ce que le caractère utopique, communiste, alchimique, de tous ses cerveaux ne lui permet qu'une passion exclusive, celle des formules sociales. Ici, chacun veut ressembler à tout le monde, mais à condition que tout le monde lui ressemble. De cette tyrannie contradictoire résulte une lutte qui ne s'applique qu'aux formes sociales, enfin un niveau, une similarité générale. De là, la ruine et l'oppression de tout caractère original. Aussi ce n'est pas seulement dans l'ordre littéraire que les vrais poëtes apparaissent comme des êtres fabuleux et étrangers ; mais on peut dire que dans tous les genres d'invention le grand homme ici est un monstre. Tout au contraire, dans d'autres pays, l'originalité se produit touffue, abondante, comme le gazon sauvage. Là les mœurs le lui permettent.

Aimons donc nos poètes secrètement et en cachette. A l'étranger, nous aurons le droit de nous en vanter. Nos voisins disent : Shakespeare et Gœthe ! nous pouvons leur répondre : Victor Hugo et Théophile Gautier ! On trouvera peut-être surprenant que sur le genre qui fait le principal honneur de celui-ci, son principal titre à la gloire, je m'étende moins que je n'ai fait sur d'autres. Je ne puis certainement pas faire ici un cours complet de poétique et de prosodie. S'il existe dans notre langue des termes assez nombreux, assez subtils, pour expliquer une certaine poésie, saurais-je les trouver ? Il en est des vers comme de quelques belles femmes en qui se sont fondues l'originalité et la correction ; on ne les définit pas, on les *aime*. Théophile Gautier a continué, *d'un côté*, la grande école de la mélancolie, créée par Chateaubriand. Sa mélancolie est même d'un caractère plus positif, plus charnel, et confinant quelquefois à la tristesse antique. Il y a des poëmes, dans *la Comédie de la Mort* et parmi ceux inspirés par le séjour en Espagne, où se révèlent le vertige et l'horreur du néant. Relisez, par exemple, les morceaux sur Zurbaran et Valdès-Léal ; l'admirable paraphrase de la sentence inscrite sur le cadran de l'horloge d'Urrugne : *Vulnerant omnes, ultima necat ;* enfin la prodigieuse symphonie qui s'appelle *Ténèbres.* Je dis symphonie, parce que ce poëme me fait quelquefois penser à Beethoven. Il arrive même à ce poëte, accusé de sensualité, de tomber en plein, tant sa mélancolie devient intense, dans la terreur catholique. *D'un autre côté*, il a introduit dans la poésie un élément nouveau, que j'appellerai la consolation par les arts, par tous les objets pittoresques qui réjouissent les yeux et amusent l'esprit. Dans ce sens, il a vraiment innové ; il a fait dire au vers français plus qu'il n'avait dit jusqu'à présent; il a su l'agrémenter de mille détails faisant lumière et saillie et ne nuisant pas à la coupe de l'ensemble ou à la silhouette générale. Sa poésie, à la fois majestueuse et précieuse, marche magnifiquement, comme les personnes de cour en grande toilette. C'est, du reste, le caractère de la vraie poésie d'avoir le flot régulier, comme les grands fleuves qui s'approchent de la mer, leur mort et leur infini, et d'éviter la précipitation et la saccade. La poésie lyrique s'élance, mais toujours d'un mouvement élastique et ondulé. Tout ce qui est brusque et cassé lui déplaît, et elle le renvoie au drame ou au roman de mœurs. Le poète, dont nous aimons si passionnément le talent, connaît à fond ces grandes questions, et il l'a parfaitement prouvé en introduisant systématiquement et continuellement la majesté de l'alexandrin dans le vers octosyllabique (*Emaux et Camées*). Là surtout apparaît tout le résultat qu'on peut obtenir par la fusion du double élément, peinture et musique, par la carrure de la mélodie, et par la pourpre régulière et symétrique d'une rime plus qu'exacte.

Rappellerai-je encore cette série de petits poëmes de quelques strophes, qui sont des intermèdes galants ou rêveurs et qui ressemblent, les uns à des sculptures, les autres à des fleurs, d'autres à des bijoux, mais tous revêtus d'une couleur plus fine ou plus brillante que les couleurs de la Chine et de l'Inde, et tous d'une coupe plus pure et plus décidée que des objets de marbre ou de cristal? Quiconque aime la poésie les sait par cœur.

VI

J'ai essayé (ai-je vraiment réussi?) d'exprimer l'admiration que m'inspirent les œuvres de Théophile Gautier, et de déduire les raisons qui légitiment cette admiration. Quelques-uns, même parmi les écrivains, peuvent ne pas partager mon opinion. Tout le monde prochainement l'adoptera. Devant le public, il n'est aujourd'hui qu'un ravissant esprit; devant la postérité, il sera un des maîtres écrivains, non-seulement de la France, mais aussi de l'Europe. Par sa raillerie, sa gausserie, sa ferme décision de n'être jamais dupe, il est un peu Français ; mais s'il était tout à fait Français, il ne serait pas poète.

Dirai-je quelques mots de ses mœurs, si pures et si affables, de sa serviabilité, de sa franchise quand il peut prendre ses franchises, quand il n'est pas en face du *philistin ennemi*, de sa ponctualité d'horloge dans l'accomplissement de tous ses devoirs ? A quoi bon ? Tous les écrivains ont pu, en mainte occasion, apprécier ces nobles qualités.

On reproche quelquefois à son esprit une lacune à l'endroit de la religion et de la politique. Je pourrais, si l'envie m'en prenait, écrire un nouvel article qui réfuterait victorieusement cette injuste erreur. Je sais, et cela me suffit, que les gens d'esprit me comprendront si je leur dis que le besoin d'ordre dont sa belle intelligence est imprégnée suffit pour le préserver de toute erreur en matière de politique et de religions, et qu'il possède, plus qu'aucun autre, le sentiment d'universelle hiérarchie écrite du haut en bas de la nature, à tous les degrés de l'infini. D'autres ont quelquefois parlé de sa froideur apparente, de son manque *d'humanité*. Il y a encore dans cette critique légèreté, irréflexion. Tout amoureux de l'humanité ne manque jamais, en de certaines matières qui prêtent à la déclamation philanthropique, de citer la fameuse parole :

Homo sum ; nihil humani a me alienum puto.

Un poète aurait le droit de répondre : « Je me suis imposé de si hauts devoirs que *quidquid humani a me alienum puto*. Ma fonction est extra-humaine ! » Mais sans abuser de sa prérogative, celui-ci pourrait simplement répliquer (moi qui connais son cœur si doux et si compatissant, je sais qu'il en a le droit) : « Vous me croyez froid, et vous ne voyez pas que je m'impose un calme artificiel que veulent sans cesse troubler votre laideur et votre barbarie, ô hommes de prose et de crime! Ce que vous appelez indifférence n'est que la résignation du désespoir; celui-là ne peut s'attendrir que bien rarement qui considère les méchants et les sots comme des incurables. C'est donc pour éviter le spectacle désolant de votre démence et de votre cruauté que mes regards restent obstinément tournés vers la Muse immaculée. »

C'est sans doute ce même désespoir de persuader ou de corriger qui que ce soit, qui fait qu'en ces dernières années nous avons vu quelquefois Gautier faiblir, en apparence, et accorder par-ci par-là quelques paroles laudatives à monseigneur Progrès et à très-puissante dame Industrie. En de pareilles occasions il ne faut pas trop vite le prendre au mot, et c'est bien le cas d'affirmer que *le mépris rend quelquefois l'âme trop bonne.* Car alors il garde pour lui sa pensée vraie, témoignant simplement par une légère concession (appréciable de ceux qui savent y voir clair dans le crépuscule) qu'il veut vivre en paix avec tout le monde, même avec l'Industrie et le Progrès, ces despotiques ennemis de toute poésie.

J'ai entendu plusieurs personnes exprimer le regret que Gautier n'ait jamais rempli de fonctions officielles. Il est certain qu'en beaucoup de choses, particulièrement dans l'ordre des beaux-arts, il aurait pu rendre à la France d'éminents services. Mais, tout pesé, cela vaut mieux ainsi. Si étendu que soit le génie d'un homme, si grande que soit sa bonne volonté, la fonction officielle le diminue toujours un peu ; tantôt sa liberté s'en ressent, et tantôt même sa clairvoyance. Pour mon compte, j'aime mieux voir l'auteur de *la Comédie de la Mort*, d'*une Nuit de Cléopâtre*, de *la Morte amoureuse*, de *Tra los montes*, d'*Italia*, de *Caprices et Zigzags* et de tant de chefs-d'œuvre, rester ce qu'il a été jusqu'à présent : l'égal des plus grands dans le passé, un modèle pour ceux qui viendront, un diamant de plus en plus rare dans une époque ivre d'ignorance et de matière, c'est-à-dire UN PARFAIT HOMME DE LETTRES.

FIN

OUVRAGES DU MÊME AUTEUR

CHEZ POULET-MALASSIS ET DE BROISE

Sous Presse

Les Fleurs du Mal, 2ᵉ édition, augmentée d'une préface et de vingt poëmes inédits ; 1 vol.

Opium et Haschisch, ou l'Idéal artificiel ; 1 vol.

Curiosités esthétiques, 1 vol.

En Préparation

Notices littéraires ; 1 vol.

Machiavel et Condorcet, dialogue philosophique ; 1 vol.

CHEZ MICHEL LÉVY

Traduction des Œuvres d'Edgar Poe :

Histoires extraordinaires, 1 vol.

Nouvelles Histoires extraordinaires, 1 vol.

Aventures d'Arthur Gordon Pym, 1 vol.

En Préparation

Eureka ; 1 vol.

www.ingramcontent.com/pod-product-compliance
Lightning Source LLC
LaVergne TN
LVHW020108100426
835512LV00040B/2021